V&R

lebendig und kräftig und schärfer

Ich glaube

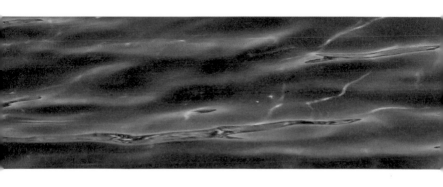

Credo
I believe

Vandenhoeck & Ruprecht

> *Ich glaube, sage ich,*
> *zuerst einmal an mich.*

Ohne Selbstbewusstsein geht gar nichts. Gott weiß das.
Wann immer er Menschen beauftragt, mutet er ihnen zu,
Verantwortung zu übernehmen.
Zu Josua, der „über den Jordan" gehen muss, sagt er:

Siehe, ich habe dir geboten, dass du
getrost und unverzagt seist. Ecce praecipio
tibi confortare et esto robustus.
... to be determined and confident.

Jos 1,9a

Wir wollen Freiheit, um uns selbst zu finden,
Freiheit, aus der man etwas machen kann.
Freiheit, die auch noch offen ist für Träume,
wo Baum und Blume Wurzeln schlagen kann.
Herr, deine Liebe ist wie Gras und Ufer,
wie Wind und Weite und wie ein Zuhaus.

Ernst Hansen

> *I believe, said Ron,*
> *in God the Father and His Son.*

Nicht jeder will das glauben. Denn Vater ist ein Wort,
das widersprüchliche Erfahrungen birgt, und nicht nur gute –
es sei denn, es wäre der Vater Jesu, der, der den verlorenen
Sohn willkommen hieß und den anderen bat, sich zu freuen:

**Denn dieser dein Bruder war tot und
ist wieder lebendig geworden.**
Quia frater tuus hic mortuus erat et revixit.
Because your brother was dead,
but now he is alive.

Lk 15,32b

Weißt du,

wie viel Kinder frühe
stehn aus ihrem Bettlein auf,
dass sie ohne Sorg und Mühe
fröhlich sind im Tageslauf?
Gott im Himmel hat an allen
seine Lust, sein Wohlgefallen;
kennt auch dich und
hat dich lieb,
kennt auch dich und
hat dich lieb.

Wilhelm Hey

Ein Vater bat Jesus für sein krankes Kind.
Die Jünger hatten es nicht heilen können. Jesus sprach:

Alle Dinge sind möglich dem, der da glaubt.
Si potes credere omnia possibilia credenti.
Everything is possible for the person
who has faith.

Mk 9,23b

Da bekannte der Vater:

Ich glaube; hilf meinem Unglauben!
Credo, adiuva incredulitatem meam! I do have faith,
but not enough. Help me to have more!

Mk 9,24b

Wer kann segeln ohne Wind,
rudern ohne Ruder?

Schwedisches Kirchenlied

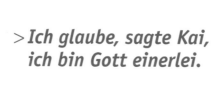

> *Ich glaube, sagte Kai,*
> *ich bin Gott einerlei.*

Das glaubte Jona auch. Er lief davon. Doch als er am Ertrinken war, allein, mitten auf dem Meer, da schluckte ihn ein Fisch und barg ihn, bis er's besser wusste:

Aber du hast mein Leben aus dem Verderben geführt, Herr, mein Gott. Et sublevabis de corruptione vitam meam, Domine, Deus meus. But you, o Lord, my God, brought me back from the depths alive.

Jona 2,7b

Ich möchte Leuchtturm sein. In Nacht und Wind.
Für Dorsch und Stint. Für jedes Boot.
Und bin doch selbst ein Schiff in Not.

Wolfgang Borchert

Wenn ich nicht sehe ... kann ich's
nicht glauben. *Nisi videro ... non credam.*
Unless I see ... I will not believe.

Joh 20,25

Das sagte Thomas, als ihm die Jünger von der Erscheinung
des Auferstandenen erzählten. Da ließ Jesus ihn sehen und
hörte sein Glaubensbekenntnis: Mein Herr und mein Gott. Aber
Jesus dachte auch an die, die diese Chance des Sehens nie
bekämen. Und er sprach:

Selig sind, die nicht sehen
und doch glauben. *Beati, qui non viderunt –
et crediderunt.*
How happy are those who believe
without seeing me!

Joh 20,29b

Ich brauche keinen starken Glauben,
sondern den Glauben an den,
der mich stärkt.

Reiner Andreas Neuschäfer

> *I believe, said Rose to Andrew,*
> *in love – and most of all in you.*

Eine große Liebe wird in der Bibel besungen, die des Königs
Salomo zu einem unbekannten Mädchen. Die Kirchenväter
lasen das als Gleichnis: So treu, so begeistert, so romantisch,
aber auch so verletzlich ist Gott, der Menschen liebt:

Ich habe dich je und je geliebt;
darum habe ich dich zu mir gezogen
    aus lauter Güte. In caritate perpetua dilexi te ...
I have always loved you ...

Jer 31,3

Sage mir an,

du, den meine
Seele liebt,
wo du weidest,
wo du ruhst
am Mittag,
damit ich nicht
herumlaufen muss
bei den Herden
deiner Gesellen.

Hoheslied

> *Ich glaube, sagte der Gärtner,*
> *und säte heiter trotz Dornen und*
> *Dürre weiter.*

Das ist der Glaube dessen, der sagen kann: Wenn ich wüsste,
dass morgen die Welt untergeht, würde ich heute noch
ein Apfelbäumchen pflanzen. Gottes Knecht macht es vor,
von dem es heißt:

Das geknickte Rohr wird er nicht zerbrechen.
Calamum quassatum non conteret.
He will not break off a bent reed.

Jes 42,3

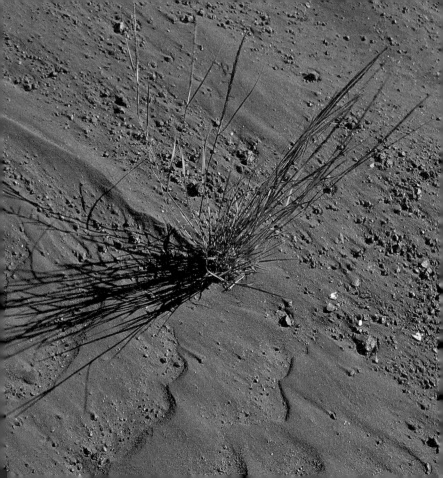

> *Ich glaube, sagte Benjamin,*
> *ich kann nicht bleiben, wo ich bin.*

Immer wieder neu aufbrechen: Dazu gehört der Glaube
Abrahams, der sein Haus gegen das Zelt tauschte und reiches
Land gegen eine ungewisse Zukunft – weil Gott ihn dazu
einlud. Oder der Glaube des Fischers Petrus, der die ganze
Nacht vergebens gefischt hatte und genau wusste, dass
ein weiterer Versuch sinnlos war.
Aber als Jesus ihn dazu aufforderte, sagte er:

Aber auf dein Wort will ich die Netze
auswerfen. In verbo autem tuo laxabo rete.
But if you say so, I will let down the nets.

Lk 5,5

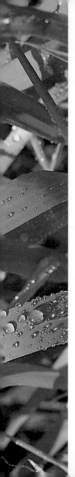

> *Ich glaube, sagte Frau Stern,*
> *in allem ist ein guter Kern.*

Gegen die Sorge der Menschen um morgen und übermorgen, gegen ihre Enttäuschung über Unzulänglichkeiten und ihre Angst, nicht alles in der Hand zu haben, verweist Jesus auf die Lilien auf dem Feld und die Vögel unter dem Himmel.
Ihre Schönheit und Freiheit sind allein Gottes Werk – darf man da nicht ruhiger sein? Jesus lehrt beten:

Dein Wille geschehe wie im
Himmel so auf Erden. Fiat voluntas tua sicut
in caelo et in terra.
May your will be done in earth as it is
in heaven.

Matthäus 6,10

Sanft fallen Tropfen, sonnendurchleuchtet.
So lag auf erstem Gras erster Tau.
Dank für die Spuren Gottes im Garten,
grünende Frische, vollkommnes Blau.

Jürgen Henkys

> *Lebst du?, fragst du mich.*
> *Ich glaube schon, sag ich.*

Ein trotziger Glaube ist ein Lebenselixier, ein Gegenmittel gegen das Grau des Alltags und die Unerbittlichkeit seiner Grenzen. Ein Psalmbeter bringt es auf den Punkt:

Ich glaube aber doch, dass ich sehen werde die Güte des Herrn im Lande der Lebendigen. Credo quod videam bona Domini in terra viventium. I know I will live to see the Lord's goodness in this present life.

Psalm 27,13

Ich glaube Das Blau des Himmels und des Meeres.
Die Ewigkeit. Den Schmerz in dir.
Das Zwischen der Zeilen.
Dass es bleibt. Zwischen mir und dir.
Gott. Ich glaube Gott.

Ingo Kirsner

Quellenverzeichnis

Bibeltexte: Lutherbibel, revidierter Text 1984, durchgesehene Ausgabe in neuer Rechtschreibung © Deutsche Bibelgesellschaft, Stuttgart; Biblia Sacra Vulgata © 1969, 1974 Deutsche Bibelgesellschaft, Stuttgart; Good News Bible, Today's English Version, British Edition © American Bible Society 1976.
Texte: Ernst Hansen, Herr, deine Liebe © Strube Verlag, München-Berlin (S. 5); Wilhelm Hey, Weißt du, wieviel Sternlein (S. 7); Wolfgang Borchert (S. 11); Jürgen Henkys, Morgenlicht leuchtet © Strube Verlag, München-Berlin (S. 21).
Abb.: © weckner media + print GmbH, Göttingen.

Konzept

Sabine Dievenkorn, Inge Kirsner, Reiner Andreas Neuschäfer, Martina Steinkühler, Rudolf Stöbener

Bibliografische Information der Deutschen Nationalbibliothek

Die Deutsche Nationalbibliothek verzeichnet diese Publikation in der Deutschen Nationalbibliografie; detaillierte bibliografische Daten sind im Internet über <http://dnb.d-nb.de> abrufbar.

ISBN: 978-3-525-63376-2

Printed in Germany.
Layout|Lithografie|Satz: weckner media+print GmbH, Göttingen
Druck und Bindung: Quensen Druck+Verlag, Hildesheim-Lamspringe

Gedruckt auf alterungsbeständigem Papier.